등나무 여린 잎이 꽃보다 곱네요

등나무 여린 잎이 꽃보다 곱네요

박정애 시집

신아출판사

순백한 내심의 진솔한 삶의 표상

── 朴貞愛 시인의 시집「등나무 여린 잎이 꽃보다 곱네요」

이 기 반
(시인 · 前 전주대 교수)

1.

박정애(朴貞愛) 시인이 첫 시집「등나무 여린 잎이 꽃보다 곱네요」를 상재하면서 그 머리말을 청해왔다. 참으로 기쁘고 반가운 일이어서 축하의 뜻을 표하면서 흔쾌히 이 글을 쓴다. 그러나 여간 조심스럽지 않다. 주옥같은 글에 흠집이나 내지 않을까 걱정이 되어서 그렇다.

박정애 시인은 항구도시인 군산에서 바다와 더불어 산다. 고군산도의 해조음과 머나먼 수평선의 해돋이와 해넘이를 바라보면서 갈매기 노래를 즐기며 살아왔다. 하많은 기쁨과 아픔 속에 갖은 애환을 추억으로 오늘의 시심(詩心)을 꿈처럼 밤 하늘의 별을 헤아리며 산다. 그러므로 언제나 도라지 속살같은 순백함과 미리내의 물결처럼 향맑은 정서를 노래하는 시인이다. 그렇다고 바다를 소재로 시를 창작하지 않고, 다양한 우주공간의 소재와 자연과 인생과 생활의 체험이 알알이 박혀 있음을 볼 수 있다.

2.

박정애 시인은 1993년「월간문학」신인상에 당선되어 화려하게 등단했다. 그 후 묵묵히 시작활동에 정진하면서 성실하게 문단활동에도 정열을 쏟고 있는 능력가이다. 그러니까 시인에 앞서 생활인으로서 가정에 충실하면서 봉사정신에 투철한 사회인이요, 문단인임을 실감할 수 있다. 그런 체험의 진실성을 작품의 어느 곳에서나 만나 볼 수 있다.

단발머리 고교시절
강바람 스커트 날려
기공식 대통령 군산 오시던 날
축포와 갈채 속에
세워진 군산화력발전소 어언 30여 년
낡아 내구연한이 끝났다네요

그때쯤 심어진 등나무
모진 강바람에도 굴하지 않고
올 봄에도 새 순을 틔우네요
꽃보다 고운

—〈등나무 어린 잎이 꽃보다 곱네요〉

이 시집의 표제로 되어 있는 작품이다. 대개 대표작급에 드는 작품을 표제로 내세우는 일이 많다. 그렇지 않더라도 제목으로 채택하는 경우가 없지도 않다.

여기 보이는 〈등나무 여린 잎이 꽃보다 곱네요〉역시 후자에 속하는 것같다. 이를 설명해 주는 이야기가 소상하게 표명되어 있다. 군산화력발전소의 가동과 같은 해에 심어진 나무를 소재로 하여 양자를 비교하며 현실을 말해 주고 있다. 화력발전소는 노후되어 수명이 다했는가 하면 등나무는 노령이 되어도 굳건한 생명력으로 꽃보다 고운 여린 잎을 피워내고 있으니, 얼마나 장한 것인가. 아니 이것을 관찰하며 사고(思考)하는 시적 혜안(慧眼)과 시인의 정서가 얼마나 놀라운가. 시는 어렵게 써야 하는 것이 아니다. 쉬운 듯하면서도 어렵고, 어려운 듯하면서도 쉽게 씌어져야 함은 물론이다. 화려한 미사여구의 나열, 수식어의 남용에 그쳐서도 아니 되는 것이다. 이 시가 간단하면서도 깊은 의미를 담고 있는 정제미(整齊美)를 높이 사야 할 것이다.

영종도 갯벌 토해 놓은
선혈 같은 나문쟁이
석양에 눈부시다

새마을 그 시절
분묘이장 공고 하나 없이 파헤쳐
무덤 잃은 원혼들
그때 흘린 피일지도 몰라

저만치 부표 위를 맴도는
물새 한 마리

—〈영종도 풍경〉

영종도의 사연과 내력을 이처럼 짧은 이야기로 끝맺기가 그리 쉽지는 않을 것이다. 그런데도 간결한 어조로 시적 분위기를 함축시키고 있음은 남다른 저력의 표상이 아닐 수 없다. 특히 이 시 속에 담고 있는 이야기를 형상화시킨 끝 연의 "저반치 부표 위를 맴도는 물새 한 마리"는 돋보인다. 이야기를 이야기로 표출하지 않고 그림으로 묘사하는 그 기법이 또한 마음에 든다.

이처럼 삶의 리얼리티로 시적 진실을 현장감 있게 표상하고 있는 작품은 많다.

들녘 끄트머리

갯벌 드러내 가로 누운 포구

세월을 엮어가는 소금 냄새
바위 틈 원추리꽃 몸살을 앓는다

깡마른 갯가
삭신 녹아 내리듯
장정들이
담배 연기로 허기를 채운다

아득한 기억 사이로
뭍에 올라 앉은
작은 배

해질녘
손짓하며
달려온
아낙네 가슴만큼이나 꿈이 부풀어
그림자 앞세워 마음이 간다

스산한 바람
산자락에 매달려
하늘 맞닿은 저쪽
파도가 하얗게 달려온다.

—〈내초도의 들물〉

간밤 꿈으로 안겨온
희망같은 별들은
어디만큼 오르랴

어디쯤에
돌아 눕는 별똥별이 되어지랴.

현란한 꿈보다는
그림처럼 열리는 새벽을 기다린다.

—〈겨울 산장〉 2·3연

늘상 간직한 꿈 탓인가
벽에 걸린 윗옷에
팔 끼우듯

낯설지 않게 어울려
몇년의 추억을 쌓았는가

잡을 수도 만질 수도 없었지만
가슴 가득한 사랑의
뒷모습은 생각하지 않았다.

이름 지어지지 않아도
흰 화선지 위에
먹그름으로 누웠다.

—〈만남 Ⅲ〉

자유시에 특질이 있다면 음악성, 회화성, 의미성이 있다 할 것이다. 앞에 든 시에는 이 세가지 요소가 고루 잘 조화되어 있음을 볼 수 있다. 뿐만 아니라 시에 담겨야 할 의식세계가 빈 틈없이 채워져 있어 독자에게 가슴 가득한 미적 감동에 설레이게 한다.

어디 그 뿐이랴.

넉넉한 사랑 한껏 가슴에 품고
새해에는 거울을 보아야지
어쩌다 장배기에 나풀대는 흰 머리카락도
그저 거기에 두고
거울을 보며 빗질을 해야지
잠시 머물다 갈 발자욱에도
그림자 낮추어 입맞추고
변해버린 내 자화상을 꺼내어
아직도 붉게 타고 있는 촛불 비추어
계유년에는 거울을 보아야지
창밖 어둠까지도 싸안고 어우러져
허탈했던 12월은 거기 그렇게 두고
가두어 두었던 서러움
시간의 흐름에 맡겨 둔 채
내가 받은 각본 챙겨 들고
무릎 맞대고 앉을 친구도 만나면서
거울을 보아야지

—〈거울을 보아야지〉

이 한 편의 시로 인간 박정애와 시인 박정애를 어느 모로나 이해할 수 있을 것이다. "시인이 되기 전에 먼저 인간 수업부터 해야 한다"는 교훈은 문학 수업의 제1장 제1과에 해당하는 과정이다.

이 시의 행간(行間) 마다에 담긴 자성(自省)의 목소리가 구구절절히 겸허하다. 자신을 성찰하는 목소리 뿐 아니라 뜨거운 인간애를 소망한다. "무릎 맞대고 앉을 친구도 만나면서/거울을 보아야지"가 그것이 아닌가. 이렇게 자신의 인간 수업을 다지면서 일상을 돌아보며, 앞날을 내다보는 자세는 믿음직스럽기만 하다.

3.

박정애 시인의 시심(詩心)에는 기다림 속에 사랑이 있고, 만남 속에 기쁨이 있다. 그러기에 이 세상에 고단하지 않고 힘찬 발걸음이 내일로 향한다. 시와 만나서 행복한 그는 언제나 봄을 기다리며 맞이하는 남다름이 있어 삶의 보람을 느끼며, 이 어두운 세상을 밝히면서 밤 하늘의 별을 헤아리며 살아 간다.

발 빠른 그림 몇 장이
유채꽃으로 뒤덮여
짙어진 봄 안개

오솔길 양지녘에
밟히고 밟혀도 하얗게 웃는
샛노란 민들레의 꿈을 아는가

—〈봄은 오는가〉 2·3연

이렇듯 소박하고 순수한 정서의 내면을 형상화하면서도 결코 지나친 기교나 언어의 수식은 외면한다. 그러므로 발생하는 자신만의 시세계를 가지고 산다 해도 지나친 말이 아닐 것이다.

따라서 박정애 시인의 시편들이 이 필자를 기쁨으로 충만케 하고, 시 본연의 미적 감동을 주었다면 시적 사명을 다하였다 할 것이다.

그런 의미에서 박정애 시인의 무한한 가능성 앞에 더 크나큰 발전과 빛나는 문운을 다시 한번 기원해 마지 않는다.

2007년 12월 20일

차례

제2부
시간의 의미

제3부
가을 斷想

제4부 내 고향 바다

제 1 부

봄이 오는 길목

거울을 보아야지

넉넉한 사랑 한껏 가슴에 품고
새해에는 거울을 보아야지
어쩌다 장배기에 나풀대는 흰 머리카락도
그저 거기에 두고
거울을 보며 빗질을 해야지.
잠시 머물다 갈 발자욱에도
그림자 낮추어 입맞추고
변해버린 내 자화상을 꺼내어
아직도 붉게 타고 있는 촛불 비추어
계유년에는 거울을 보아야지.
창밖 어둠까지도 싸안고 어우러져
허탈했던 12월은 거기 그렇게 두고
가두어 두었던 서러움
시간의 흐름에 맡겨 둔 채,
내가 받은 각본 챙겨 들고
무릎 맞대고 앉을 친구도 만나면서
거울을 보아야지.

봄은 오는가

물푸레나무 움도 못 튼 채
봄은 소문으로 온다.
낮은 계곡 흐르는 물,
숨소리도 못 내며

발 빠른 그림 몇 장이
유채꽃으로 뒤덮여
짙어진 봄 안개

오솔길 양지녘에
밟히고 밟혀도 하얗게 웃는
샛노란 민들레의 꿈을 아는가.

진종일 걸어온 흙먼지 일던 길,
그 어드메에
봄은 쉬고 있는가.

어디쯤에 그대 오는가.

펄럭이는 것

펄럭이는 것이 다 깃발은 아니더이다.

명동성당 아랫마당
철거민 움막 빨랫줄에
빛바랜 작업복
바람 불면 펄럭이더이다.

산동네 달동네
찢겨진 문틈 사이로
재개발 딱지 펄럭이더이다.

단벌에 빈 주머니가
부끄럽지 않았던 것은
축복받은 양심을 가진 까닭이었던 것을

받아쥔 딱지에
유린당한 양심이
고백소 모퉁이 돌아
구겨진 채 펄럭이더이다.

묵은 갈대

하늘을 온몸으로 이고
하루 내내 손을 젓는다

멍든 그리움을
흰 머리로 풀어서
아스라이 휘저으면
저만큼에서 흔들리는 내 고향 산하!

서릿발 눈발에도
높새바람에도
속마디 굵어 꺾이지 않아도
기대어주는 이 없이 외로운 날

그래도 만남의 날을 기다리는
바람의 시샘을 다독이며
강과 산을
하늘 우러러 손을 젓는다.

겨울 산장

봄은 저만치 오는데,
봄보다 먼저
계곡의 물소리가
노래처럼 들리고
되바라진 창틈으로
교활한 바람 가슴 후벼도
해뜨는 방향으로
고개돌린 겨울나무
수런수런,
흔적없는 풀씨를 들깨우며
지난 날의 한 자락
꼭꼭 숨겨진 가슴 뒷편에
삭정이 가지 모아 불을 지핀다.

간밤 꿈으로 안겨온
희망같은 별들은
어디만큼 오르랴
어디쯤에
돌아눕는 별똥별이 되어지랴,

현란한 꿈보다는
그림처럼 열리는 새벽을 기다린다.

해당화

선연리 양로원에
딱 한 그루 남은 해당화
올해도 볼 수 있을까 몰라.

외진 덤불 속에
홀로 남아
향기로 유혹하더니

눈이 부시게
환한 웃음 웃더니,

군락의 세상 이제 아슬해서
보랏빛 아쉬움
내 발길 붙잡더니,

올해도
그 자리에서 나를 기다려 줄지 몰라.

모래이슬
바닷바람 먹고 사는

너의 일기 써주고 싶어.

옮겨 심지도 않았는데.

비행장 옆
"철거지역" 붉은 딱지
진저리치며 싫어하던,
딱 한 그루 남은 해당화

올해도 볼 수 있을지 몰라

사랑

하늘이 높아 시리게 높아
거기쯤에 그대 있어
만질 수 없어도

아침 눈 뜨자마자
가슴에 묻어 둔 그대 조금 꺼내
눈에 담아 보고 살포시 기대어
간밤 허무를 달랜다

까짓 몸뚱이 포개는 일이야
사랑하고는 일없지 싶다.

만남 II

그저
바람인 줄 알았는데
내 작은 길목에
한자락 꿈으로 드리워

공허로운 가슴
잠재울 때
낯설지 않게 마주서
미소를 건네며

물빛 반달로 나와
남쪽 일러 주더니

어느새
가슴 깊은 곳

찔레향 가득한 내 정원
거기
늘 푸른 숲으로
함께 하리라.

만남 III

늘상 간직한 꿈 탓인가
벽에 걸린 윗옷에
팔 끼우듯

낯설지 않게 어울려
몇년의 추억을 쌓았는가

잡을 수도 만질 수도 없었지만
가슴 가득한 사랑의
뒷모습은 생각하지 않았다.

이름 지어지지 않아도
흰 화선지 위에
먹그림으로 누웠다.

만남 IV

항상 관객이던 나를
무대로 떠밀고 막은 올랐다.

미처 차려입지 못한 의상이
눈부신 조명 받아
한없이 초라해 보여도,
주인공이 되어버려 대사만 외웠다.

예감처럼 사로잡혀
진종일 기다리는게 가슴 아파,
약속하지 않은 채
길 떠나고,

눈에 담고 싶지도
마음에 두고 싶지도 않아
두 눈 감고 돌아누우며

막이 내린 뒤에도
무대에서 나를 찾아
흔적으로 안겨 오며
허탈해진 나의 언어들이

대사로 난무한다.

그래도, 나를 잃고 싶지 않은 거지.

만남 V

살뜰하여 사랑이었고
눈에 담지 못해
그리움입니다.

서러운 것은
지나가 버린 것을
인정 못하고
밤잠 설치는 까닭입니다.

물살 빠른 계곡에
놓아버린
어긋난 만남인 것을.

숱한 날
되집지 못해
그림자로 남아
서성이는
미련함을 탓하며,

이제는 잊어도 좋은
기억 밖으로 밀어버릴
과거인 것을

옥정리

옥정리의 밤은
유난히 별이 많아서
밤이 깊어야만 세상이 보인다.

지폐 몇 장에
젊음을 삼 년씩이나 담보한
종가집 맏이 206호가
존재하지도 않은 애인에게
애절한 사연을 적어 보내는 것도

가진 것 없는 죄로
옥정리에 주소를 두었다는
입담 좋은 37호가
무용담을 펴는 것도

사정없이 神을 탓하는 것도
옥정리의 구색이고

어느 날
그 미친한 神앞에
소리 없이 울 수 있는 것도

옥정리의 역사다.

누가 누구를 단죄할 것인가

내일 또다시
한껏 푸른 옥정리 하늘이 있는 것을

재정이의 결혼

내내 말 못하고
눈으로 눈으로만
간절히 넘나들던 정다움이더니

뇌성마비 아가씨
휠체어에 싣고
그렇게 둘이서 '입장' 이라네

촛불도 목메이듯 타는
신부님의 주례사에
하객들도 흐느끼고
신랑은 신부를 돌아보고
눈물을 닦아주네

아, 내 사랑! 그렇다
내 다리가 네 것이 되어주마
네 길을 걸어주마
끝내 네 몸의 반쪽이 되어주마!
고개 숙인 어깨가 떨고 있었네.

계자의 죽음

멋대로 수근거린다
잘 죽었다느니
차라리 잘된 일이라거니,

자라다 멈춘
그의 사지 삭신
남들 다 붙은 코도 없는 몰골을
마주하던 이웃들의
이구동성이다.

2년여 그것도 인연이라고
마지막
그의 주검을 부둥켜 안고 우는
순철의 슬픔쯤은 안중에도 없다.

변두리 화장터
공허한 쇠여닫이 소리
가진 것이라고는
하늘이 내어 준 육신 한 점,
빨갛게 불씨를 만들다가
이승의 따순 공간을 넓혀가다가

서서히 하얗게
진정 하얗게 세상에서
지워져 갔다.

재 한 줌 바람에 날려보내는
순철의 통곡이 푸르게 무성한데
부산하게 산을 내려오는
내 발목을
누군가 꼬옥 잡는다.
먹으면 내놓는다고
백오십 원 짜리 구론산 사다 디밀던
알량한 내 양심이,

맑은 하늘에 천둥 벼락이 치지싶다.

소록도에서

까맣게 잊고 살았습니다.

싸리꽃 뒤안길에 눈물 떨구듯
소리없이 떨어지는
손가락 마디를 바라보던
아득한 눈망울을

아들에게 보낸
수취인 불명으로 되돌아온 편지를
가슴에 안고 사는
한(恨) 많은 얼굴을

귀밑까지 돌아간 입술로
수없이 빌어주던
사랑의 기도를
까맣게 잊고 살았습니다.

시리도록 파란 바닷물에
빨간 동백꽃잎 하나 띄워 보내듯
모든 것 보내버린

바다가 밉지 않은 탓에

오늘도 바닷가에 나와 앉아
오지 않는 지아비를 기다리는
아낙의 목마름을
까맣게 잊고 살았습니다.

무죄도 업보라 덥쳐
벌을 받았다든가
분간없이 나대며 사는
나의 죄일지도 모를
그들의 아픔을

까맣게 잊고 살았습니다.

수송동 푼수

부모가 칼잽이인 덕에
어릴적
우황을 많이 먹어
가슴 속에 뜨거운 화가 들었다는
이름 대신 푼수

사시사철 어디에서고
물만 보면 홀렁 벗고 뛰어드는
수송동 푼수는

서른살이 넘어 마흔줄에 걸쳐서도
짝을 못 만나
지아비가 못된 채
길거리에 나서면
동네 꼬마들 줄래줄래 놀린다.

우물가에 아낙들 옹기옹기 모여
배추라도 씻을 양이면
불쑥 덜렁거려
젊은 아낙들 혼비백산 내빼고

이를 본 어르신네들

푼수 볼기 쳐대면
히히히 히히 웃어댄다.
지나던 사람들 무엇이든
되는 대로 집어 던져도
성내는 일이 없다.

얼어 붙은 웅덩이
얼음 깨져 빠져서도
어이어이 시원타 히히 해해

꼭 한번 찌륵소처럼
화를 내고 고집부렸으니
동생이 장가들던 날
문밖 쓰레기를 집안으로
쓸어 들이며

이 집은 꺼꿀로여 꺼꿀로여
막무가내로 울부짖었다.

점방산 동화

붉다 붉다 파랗게 질린
진달래
달작지근 뜹뜨르름
내 유년의 맛이다

내려다 보이는 해상공원
청보리, 유채꽃
비릿한 군산의 맛
점방산의 맛이자 향이다
그곳에 한자락 꿈을 심든
늙은 소년은 지금쯤
무슨 생각을 하고 있을까

희끗 희끗 산벚 몸을 턴다.
기지개를 켜며 도리질을 한다
까짓, 대통령이나 한번 해보지
내가 시켜줄 텐데.

점방산의 봉수대 언제쯤
연기 오를까

봄이 오는 길목

속내 몰라 한번도 안겨보지 못한
네 가슴이며 내 외로움이
어디쯤에서 만날 건지 비켜 갈 건지
그것조차도 몰라,

맥없이 내려 놓아버린 너
삭풍으로 남아 무시로 넘나들어
휴면의 화산처럼 안으로만 타들어,

아직도
임자를 만나지 못한
내 언어들이 방황한다

마주앉아 조근조근 따져 볼 요량으로
길목에 서서 기다려보지만
그것은 꿈이었다
꽃샘추위라던가.

속 빈 거품으로 나른다

물이 죽어 속 빈 거품으로 나른다
무게를 감당 못해
아래로만 내리 흐르더니,
오지랍은 넓어
이도 저도 다 좋아
품어 안고 휘돌더니
퍼렇게 멍든 가슴에
아야! 소리 한번 못하고
죽을 임시에야
속 빈 거품으로 나른다.

제2부

시간의 의미

가끔 안부를 묻곤 하지요

가끔 안부를 묻곤 하지요
이 도시 어디에도 없다하면 어쩌나
조바심에 자주 묻지도 못하지만
하늘밑 그대 있어
그리워 할 수만 있어도 행복하련 했는데
격하지도 섬세하지도 않은
늘 즐기는 녹차 향처럼
있는 듯 없는 듯 마주하고 싶은 마음

작은 손길마저 기억해 내는
평범한 사람이고 싶습니다
잊혀질까 두려운
가시같은 말로 잊었다 말하면
눈으로 말하면,

그런 당신 아니어서 더욱 그립습니다.

안식년

보대끼며 살아온 날이
너무 적어
차라리 순례자가 되고 싶다
삶의 깊이만큼.

제각기 끌어안은
사랑의 유희를
나눈다는 명목으로 보낸 시간
어찌,
내 몫을 탐할 수 있는가
그것은 만용이다.

내 손에 쥐었다고
모두 내 것은 아닌 것을
어느 가슴에 누운 꿈
송두리째 안아 와
밤, 낮으로
선 걸음 허둥대며
비어버린 자리를
몸짓 하나로 메꿔

매일이

쉬는 날이었던 것
나의 안식년은 무효다.

줄타령

어머니 탯줄 물고 세상에 나와
금줄에 고추는 못달었어도
할아버지 함박웃음
단옷날 그넷줄을 달았다
유년부터 앞으로 나란히 줄서
줄에 줄로 엮이다
웃자란 머리는
어느날 문득 제 무게에 놓아 버렸다
나보다 훨씬 앞서버린 줄
더듬이 촉수 세워 내딛어 보지만
놓쳐버린 옹기처럼 부서진다
메마른 바람이 지나가면
비릿한 중년 거기 있지
火葬문화가 발달한다지
무덤에 관 내릴 두 줄은 걱정하지 않아도 되겠다

태풍이 지나간 자리

저울에 달아볼 수는 없지만
통한다는 사람의 마음
그래 어리석다 하던가,

기류의 변동으로
머리돌려 가버린 바람을 두고
구구구구 말들이 많다

이 도시에는 교회가 많아
태풍이 힘을 잃었다고,

이기주의 파랑주의보

나운동 밤풍경

거대한
아트비젼

일러준 이 없이도
각기 다른 연출이
서툴지 않은 솜씨로
화면을 매꾼다.

포기할 수 없다던 고향
네모난 상자 속에
구겨넣고,

정지된 상념
신들린 조명에 비춰본다.

소주로 시작된 해장술
아직
덜깬 주공 4단지
다시 새벽을 연다

행복의 최대치를 가늠 못하는
메이커 아파트는

오늘도 주차를 위해
하루 중 가장 힘든 계산을 한다.

없어서 수치요.
많아도 백치일 수밖에 없는
요즘 인심
한 통에 넣어
섞어
반듯하게 나눌 수 있다면

새가 나는 하늘을 보고 싶다.

진종일 시선
허공에 매단 채
알싸한 고통
가슴으로 내려
속울음 토해내며
오늘도
보내지 못한
너의 그림자
뒤로 버려둔 채
잊었다 말하려 했는데

그런 사이
습관처럼 걸어온 길이
외줄 생명으로

서로 닮지 못하는 날
네가 흐르지 못한다면

나도 흐를 수 없었던
그것만으로
우리가
원하는 산책은 될 수 없어

지나온 그 길로
고개 돌리고

미운 날만 싫은 날만
떠올리다가

그저 몇 날이려니
문득
새가 나는 하늘을 보고 싶다.

어느 꿈을 위하여

오전 내
좌판 위에 올라 앉아 있었다.
아무도 보는 이 없었지만

얼핏 들은 이야기로
조금은 때깔도 있어야 한다지.

역시 어제처럼
별일없이 한나절 지나며,
더러는 동정의 눈들이
관심 안으로 들어온다.

한 뼘 남짓
책임져야 된다는 얼굴
늙어갈 그리고 끝이 날
그 어느날을 위하여

불꽃으로 사르고 싶은 욕망
다독이며 고매한 척

위선의 하루는
또 내일을 기약 받는다.

탕감 받고 싶은 젊은 날
완전한 인간이란 존재치 않는 법
큰소리도 쳐가며
합리화시켜 버리기도 하면서

적당히 타협하고 싶은 시류
그래서
수다스러워지고 작아져,
보이지 않아도 좋을 만큼
헤프게 웃어도 본다.

내일은 저울의 눈금을 들여다볼까?
숫자 읽기는 매한가지
동전 뒤집기는 말아야지

여름의 향연

후박꽃 향기
담장 너머 여름 전한다

아직 이른 장마가
비린내 휘감긴 안개비로 시작하여
낯선 계절의 神은
무도회를 연다.

버리기에는아직 이른
내 삶
오직
하나의 만남을 위해 거기 있어,
쉬엄쉬엄 삭여온 날들
얼기설기 엮었다.

무엇이 詩며 삶이던가
저린 가슴 전하고 싶어
희망처럼
속삭이고 싶은 꿈
봄부터
한 뼘의 뜨락을 가꾸었다.

시간의 의미

그저
세월을 엮기 위해 사는 것은 아니다.
끝없이 맞물려
가도 가도 미룰 수 없는
나만의 소중한 흔적
길들이기 위한 연습의 매일이다
허기로 다가온 도시는
그리움 가득 채울 가슴을 원하고
손 높이로 쌓인 추억들
지천으로 핀 바람꽃의 꿈이며
영원히 나부끼는 깃발에
눈금을 그어 남고 싶은 것,
모래알 같은 이름 석자
구르고 싶어 사는 것이다.

정수리에 물기 마른 날부터
숨죽여 살아온 것은
그 때문이었다.

유성

아무도
떠돈다고 말하지는 않았지만
기억의 비탈에 서 있음을
말하지도 않았다.

밤마다
수 없이 꾸어대는
제풀에 꺾인 꿈이어서
하얗게 그은 선위로
소복히 쌓인
불씨마냥
침묵으로 남아
속앓이를 해대고,

때 늦은 바람의 소리는
낯설지 않은 목소리로
사주 짚어내듯
가슴 헤집을 때

뒷전으로만 맴돌던

본시 존재하지도 않았던 내가

무념을 흔들어
혼을 태운다.

떠날 준비는 끝나고
노을을 껴안고 잠든
서해바다 저쪽에서
유년시절의 그림자를 비추며,

아!
어디서 와 어디로 가는가.
이처럼 아득한
순간인 것을.

오월의 추억

하루내
너만 생각하다
가지 사이로 드문드문 달아나는
바람을 본다.

먼 이야기가 아닌
지천으로 핀 풀꽃의
가슴 가득 안겨오는
속앓이였다.

떠나고 보내는 일을
수없이 반복해도
보낼 수 없는
퍼렇게 날이 선 슬픔이었다.

어디서 어떻게 만났기에
이토록 사랑하는지조차 모르면서
익숙하게 안겨오는 너는
동이 틀 무렵
말없이 내 방을 빠져 나간다.
창 너머
하얗게 바랜

새벽 달이 소중한 것은
이슬처럼 해맑은
풀꽃의 웃음을 알기 때문이다.

민들레 노래

어디쯤이면
끝이라 말할 수 있을지

다만
수없이 엉켰던 매듭을 풀고
길게 드러누운 강가에서
키 큰 풀꽃 향기에 취할 수 있음을
말하고 싶었다.

더 이상
비탈진 길이 안보이는 것을
의미 없어 하면서도
일상을 보내는 것은

길섶 어디에서
나를 위해 몸짓하는
바람을
吟味 할 수 있기 때문이다.

한낱의 씨앗으로 튀고 있을 때
내 간절한 바람이었음을

뒷날 말하리라.

가을에

가슴 가득 가을 담고
너를 볼 수 없어 슬픈 시월
마음 한자락 뉘였나 싶었는데
저만치 서 있는 너
단 한번도 들어 보지 못한 품속이어서
얼마나 넓은지, 깊은지
따뜻한지 몰라
그리움에 갇혀 무심한 날

언제부터였나
소리없이 가슴 데워주는
운명 같은 만남
그 때 우리는 한 곳을 보고 있었다.
외로움,
아마 그 때 너 사춘기였지

살며시 놓아 버리면
지난날인가 싶었는데

우체통처럼

반세기를 살고도 아직 미숙아인 것은
여물지 못한 심성 탓이다.
살아온 만큼 살아갈 요량으로
밑그림마냥 황량한 생애
덧칠할 색깔 챙겨본다.
얼핏 눈에 들지 않을지언정
사람 사람 가슴에 고즈넉 누울 수 있는,
비켜간 눈빛에도 사랑 묻어나는
우체통처럼 빨간 색깔이면.

이 여름이 끝날 즈음, 어디만큼 가고 있을지 모르지만
내 살 냄새 섞여 지나온 바람
없었다고 말하지 않겠다.

짐짓 몸 낮추어 살아온 기억의 마디마디
한 점 정제된 영혼 사르고 싶어
시류에 편승하지 못한 것 부끄러워하지 않으리
한여름 마른 기침, 기가 허해서란다.

어느 바람

부는 방향도 없었지만
가버린 흔적도 없이

서 있는 것도 아니면서
그저 숨결만 남아서

차라리 뒷모습이라도 보았다면
잊었다 말할 텐데
밤낮으로
가슴에 일렁이는 바람인 것을

어느날
웃자란 들풀과 사운댈 수 있는
한가닥 꿈인 것을

비에 대하여

한 줄기 생명임을 감사하다가
누구의 시선도 잡지 못함을 허전해 하다가
넋 놓아 허공을 가른다.
자연 앞에 한낱 장난에 불과한
인간의 오류가 치부로 떠돌아
넝마에 묻혀
포구 어귀 폐선의 파편 부둥켜 안은 채
살아 있다는 것이 신기하여
어디로 갈까 망설인다.
하얀 별로 승천하리라던 꿈
막막한 운명으로 떠돌아
골짜기 돌며 함께 했던 친구들 흔적만 남아,
강바닥
밑으로 밑으로
지우고 싶은 기억으로 갈앉는다.
빠르게 지나가버린 봄
거기 아지랑이 스멀스멀 피어오르면
들판 힘차게 가로질러
꿈이면 어떠냐
서 있어 생명이었던 것을

그리움

겨울밤 바람으로 오더니
기억의 숲에 이르면
생채기처럼
오랫동안 거기 있었던 것을
기다림으로 안달한다

지독한 인연의 굴레가
해갈이의 신열은 피어서
몰입으로만 살아온 날이던가

두 다리로 밀어낸 허물처럼
무자맥질의 세월은
한치 앞도 가늠 못하고
주체할 수 없는 무게로 매달린다.

습작

무딘 손 끝에서
여물다 만 글이
백지 위에 눕다

아침나절
거울 속의 내가
빛 바랜 저고리를 입는다.

차오르는 마음
저만큼
묻어 살아온 매무새는
저홀로 서성이며

가지에 걸린 낮달처럼
끝간 데 모를
씨줄 날줄 세우며
아쉬운 세월 촘촘히
숨결을 그린다.

제3부

가을 斷想

가을 야산에서

억새풀 사이를
스산한 바람 가르고 지나면
부둥켜 안았던 빈 둥지는
길 떠난 철새 안부를 묻는다.

홀로 남은 가슴
가던 길 되물어
저만큼
무리지어 피었던
달맞이꽃을 그리워 한다.

임을 위해 바쳐진 들꽃이
넋으로 묻혀도
까치밥 열매
길 잃은 임 기다려
떡갈잎 사이로 텃새들 숨어들고

하늘이 높아
날아 갔던
부끄러운 내 꿈
살며시 내려앉아
태우지 않아도 혼을 사른다.

한나절 걸어도 끝이 없는
낮은 산 여기 있는 것을

하제 풍경

노랑조개가 작은 산을 이루면
하제초등학교에는 빈 책상이 는다.
둘러앉아 지폐 세는 재미로
개근상은 사치다.
터울 등에 업힌 그 아이들 자라
더러는 출세하고
앞서거니 뒤서거니 장학금도 내놓고
까치바우 추억 안주 삼아
소주잔도 기울인다.
절절히 버리지 못한 고향 덕분에
새만금 이주보상
얼마나 많은 사람 잃을지,
유난히 파도가 거센 날에는
그리움에 치를 떤다.

내초도(內草島)

간사지 논둑을 오르며
소금냄새 절은
인정이 배시시 웃어 열리고
뻘바닥의 물결 무늬에
조개껍질의 노래도 밀려오던 그곳

어구(漁具) 실은 손수레 대신에
이제 승용차가 미끄러지듯 구른다

해장국 푸짐하던 목로주점 자리에는
눈 껌벅이며 누워 있는
생선 횟집이 들어섰다

새 둑으로 하여
억 년 조수가 밀려나고
공단의 폐수에
조개가 떼죽음을 해도
김밭이 그냥 갯벌이 되어도
어민들은
서툰 솜씨로 지폐를 센다

내년 김 파시에는

뒷채 한 칸 늘려야겠다는 꿈
어촌 계장네 안방에 놓인 것과
꼭같은 문갑 한 쌍을
장만하겠다는 꿈들은
잊어도 되었다.

바람이 분다
꿈과 바꾼 보상 바람이 휘몰아
내초도(內草島)가 내초동(內草洞)이 되는
천재지변이 일어난다.

고향을
이웃을
인정을
등져야 하는 신작로에는
은빛 승용차가 거드름을 피우고
해지고
달뜨며
사리, 고기떼에 부풀리던 마음과는 달리

수선스러워진 마을

맨처음 이곳을 일군 이가
붙여준 이름은
내초도 풀빛 싱그러운 섬이던 것을.

내초도의 들물

들녘 끄트머리
갯벌 드러내 가로 누운 포구

세월을 엮어가는 소금냄새
바위 틈 원추리꽃 봄살을 앓는다.

깡마른 갯가
삭신 녹아 내리듯
장정들이
담배 연기로 허기를 채운다.

아득한 기억 사이로
뭍에 올라 앉은
작은 배

해질녘
손짓하며
달려온
아낙네 가슴만큼이나 꿈이 부풀어
그림자 앞세워 마음이 간다.

스산한 바람

산자락에 매달려
하늘 맞닿은 저쪽
파도가 하얗게 달려온다.

선유도
— 상수도 개수 하던날

짚시랑물 받아 쓰던 적 엊그제 같은데
상수도 물줄기
햇살 가르고 솟구치던 날
은빛 비단자락 주려잡아
눈이 부시다.
섬마을 사람들 환호하며
물처럼 맑아지는데
장맛비 저만치 비켜서서
더위는 중천을 덮어버리고
해당화 향기 뒤안길에 버려둔 채
*오단비의 선유도 아가씨가
메아리로 돌아온다.

* 군산 출신 가수 이름

영종도 풍경

영종도 갯벌 토해 놓은
선혈 같은 나문쟁이
석양에 눈부시다

새마을 그 시절
분묘이장 공고 하나 없이 파헤쳐
무덤 잃은 원혼들
그때 흘린 피일지도 몰라

저만치 부표 위를 맴도는
물새 한 마리

군산의 쎄느강

군산의 쎄느강을 아시나요
아흔아홉다리 밑을 흐르는

수심 낮은 곳에서 사내 애들 미역 감고
물문다리 쪽으로 강태공들
낚싯대 드리우면,
하늘에 별이 주저리 열리고
미리내 꿈길처럼
가슴이 마냥 부풀고
까까머리 남학생이랑
추억 만들던 언덕이 있는 쎄느강.

시커먼 이끼 둥둥 떠가고
머리가 멍렷蠻層돈   고약한 냄새
차라리,
문명에 오염된
도시의 타액이라 말하지요

수초 하나 자라지 못하고
자연을 거스른
우리의 오만이 표류할 뿐입니다.

벼 이슬이,
더위에 약이 된다고
새벽이슬 받아내던 논에
물을 대던,
젖줄을 잊으셨나요.

임진강 풍경

바람이 불어도
구름은 잠을 잔다.

오뉴월 소낙비 오다 멈추고
북풍은 설왕설래 가슴만 태우며
오늘도
임진강 다리 위에는
출입표 단 농부들
대성리 논밭으로
발길을 옮긴다.

도둑맞을 일 없어도
철조망은 둘러있고
남과 북을 자유롭게
유영하는 물고기 떼

바람이 불어도
구름은 잠을 잔다.

가을 斷想

묻어버린 어제가 오늘 같아
멀어지는 네 뒷모습
내 눈 머문다
움직이는 것에 눈 맞추는
유아기도 아닐텐데,

지난 가을 잡았다 놓쳐
허공으로 날아간
한 마리 잠자리
그때 있었다고만 생각하려 했는데,

강산이 몇 구비 흐른 해후는
쓰게 웃고 싶은 어느 하루

그래도 살뜰이 그리우면
그쪽 하늘이나 바라볼까
안불랑 묻지도 말자.

매춘진혼제

사람 사는 세상을
무대라던가
시장이라던가,
어차피
분장하고 조명 받는 일이기야,
오장육부 내어 팔기야.

더러는
하늘에서 뚝 떨어져
평생을 관객이다가
세상물정 모르고
의미 없이
가는 이도 있긴 하지만,

심지어
몸뚱이에 혼마저 얹어 판다.

명분 세워 나라 팔고 이름 팔아
아하
분명 제 것일진대

몸뚱이 팔아 제 몫을

누가 가져갔나
인류 역사와 함께 했다는
매춘

누가 단죄를 받아야 하나
축복을 받아야 하나

그날 이후 그늘에 서서
죄인이다가 돌팔매질 당하다가

먼 발치 관객이 있었구나
박장대소하는 그이도 있었구나.

째보선창을 서성이는 바람

외돌아
동네 깊이 팔을 뻗은 째보선창
유년의 흔적은 없어도,
가슴 가득 파도가 달려온다.

썰물이면 뜬다리 밑으로 기어 들어가
엄지 만한 짱뚱어 잡아 고무신에 채우고
개펄로 온통 범벅이 되는 그날은
저녁도 못 먹고 쫓겨나는 날이었다.

썩은 고구마 냄새
간장빛 폐수가
가슴을 싸아하게 쓸어내리더니,
유유자적 떠다니던 해파리며
하얀 살의 뱅어가 자취를 감추고,
회색 콘크리트 더미가
떠억하니 들어 앉아서
우리들 째보선창은 기억으로

복개 공사 끝나고

용왕굿 하던 날

고깔 아래 슬픈 얼굴엔
바람소리 애절해

째보선창, 제 이름만
동그라니 남겼구나

봄을 찾습니다.

겨울 흔적 안고
엊그제 온 성 싶은데
숭숭 뚫린 가슴 두고
어디로 갔습니다.
묶어 둔건 아니지만
뒷모습조차 본 일 없이
언 땅 디디고 선 자리에서
싸락눈 내린, 이따금
눈에 띄어
시린 코끝 눈물이 흐릅니다.
기억조차 없는 것을 알면서도
으레 기다린 것은
마른 가지에 걸린
말 못할 속내
물오른 매화 저 혼자 웃을까 말까

가을 산장에서

모악산 자락 나즈막이
관상수로 서 있는 감나무
실한 놈 한테 밀려 낙과한
돌감 주워 먹는 맛이라니
밤새 이슬에 멱감아
반들반들한
고욤보다는 크고 감이라기에는
볼품 없는 똘감

어릴적 새벽잠 설쳐가며
삼촌 따돌리고 주워 먹던
그 맛 기가 막혔다.

오늘
추억 얹어 한입에 쪼옥
기가 막히게 맛있다.

우리는

아직은 관객이고 싶지 않습니다

늘상 그 자리에서
조연이면 어떻고
스포트라이트 비춰주지 않아도
거대한 지구라는 무대 한켠
우리라는 배경이 조심스레 어우르는,

아직 풀어버리지 못한 정열
날마다, 복수초로 피어 납니다

주저앉아 미동 하지 않아도
어느덧 반백을 넘어
책임져야 될 한뼘 얼굴

아! 우리 있어
아직은 관객일 수 없습니다.

오랫동안

너나 없이
비인 가슴들을 안고
결국, 되돌아가기 위한 연습의
하루는 가고 옵니다.

늘상 혼자인 것을 알면서도
유혹당하지 못해 안달하며
목적 없이 집을 나서는 것은
군산앞바다 해상도시에
배추씨를 뿌리는 일만큼이나 허무한 것입니다.

국민소득 만불시대에도
濟州 여행도 못해 본 주제에
국제구제기금 빌려다 쓰는 지금
몇 박 며칠 이스라엘 성지순례 광고
보고 또 보는 심사라니,
눈발 날리는 이런 밤에
모래톱 사이에 던져진 배추씨 걱정하는 것만큼
더더욱 허무한 것입니다.

배추꽃이 필 때까지
오랫동안.

바람을 기다려 본 일 있나요

바람을 기다려 본 일 있나요
안주하지 못하는
어디서 오고 가는지조차 모를
다만 깊이 모를 심연으로부터
용오름 해대며
차올랐다는 것.
지금쯤은 잊었는 줄 알았는데
부싯돌도 준비하지 못했는데

동녘
끓어오르는 햇살로 하여
깨질 것 같은 하늘은
살며시 빗장 열어 가슴을 태웁니다.

바람을 기다려 본 일 있나요
입안이 바짝바짝 마르며 오한으로
몸살을 해대는
몇 번째인지도 모를 첫사랑을
쿵쿵거리는 가슴으로
그것도 살아가는 일이라고
우겨대 봅니다.

까치밥으로 남겨진
농익은 홍시로 외롭게 매달려
하늘이 가깝다고 우겨대봅니다.
승천은 제 몫이 아닌걸 알면서도

나는 풀잎이었습니다.

겨울에도 여름에도
나는 풀잎이었습니다
늘상 음습하면서도
메마른 흙 속에 뿌리 묻고 서
오는 바람 가는 바람
피할 줄 모르는
쓰러졌나 싶으면 서 있고
그러다가는 말없이 쓰러지는
풀잎이었습니다.
정녕 잃을 수 없는 길인 것을

티끌 같은 세상
훌훌 털어버리지 못하는 것도
그런 연유여서
삭아버린 돌 속에
내가 섞여
안간힘으로 버텨 보지만
그저 풀잎이었습니다
홀씨 하나 맺지 못하는

6월 풍경

온 국민
시도때도 없이
머리 맞대고 소곤거리더니,

아직도 지폐 몇 장에
마음 팔고 눈돌리는 후진성은 어쩌랴.

풀뿌리가 어떻고
민주주의가 어쩌구
둥글넓쩍 울퉁불퉁
지구 한귀퉁이
손바닥 만한 곳에서,
나 어릴적
땅따먹기놀이 재현되나 보다.

해 가는 줄 모르고
모래 속에 손묻어 다독거려 짓던 까치집.
서울 한복판에 우뚝,
와르르 와르르
삼풍은 단풍이었다.
온다던 장마는
함흥 갔나 보다.

제4부

내 고향 바다

들녘 사람들

어디쯤에 끝이 있을 것
같아 뛰고

여름에는 그늘 없어
쉴 곳 찾아 뛰고

작대기도 한 몫 한다는
가을 그래 뛰고

겨울엔
봄을 생각하며
마음이 앞서 뛴다

늘 꺽이지 않을 심사로.

등나무 여린 잎이 꽃보다 곱네요

단발머리 고교시절
강바람 스커트 날려
기공식 대통령 군산 오시던 날
축포와 갈채 속에
세워진 군산화력발전소 어언 30여 년
낡아 내구연한이 끝났다네요

그때 쯤 심어진 등나무
모진 강바람에도 굴하지 않고
올 봄에도 새 순을 틔우네요
꽃보다 고운

기 회

약속은 없지만
꼭 올 것이란 기대로
기다린다.

끝난 길도 아닌데
한동안 지나서야
지붕 위에 불 밝힌 빈 택시
나를 향해 오나 싶더니

바로 옆 골목에서
그림자 두어 사람
획 잡아타고 달아난다.

거의 같은 길에서
누구는 몇십 분을 기다리다가도
조바심만 키우고
누구는
골목 나서자마자 빈 차가 와 준다.
아, 날개의 해탈

하얀 민들레

개망초가 판을 치는 들녘에
저 홀로 바랠 줄도 모르고
박하 분 뒤집어 썼나
하얀 민들레
작은 키
모진 바람에도 꺾이지 않으며
홀씨마저 품어 안고 주저앉아 핀

한세월 꿈만 좇다
어느 둔덕 터 있다 말다
잡것들 잡스럽게 피어도
토종입네, 찾는 이 없어도
뽐내며 터를 지킨다
오늘은 마파람 불어 훠이 훠이

소나기가 오려나

여름날의 오후

외딴 토담집 하얗고 빨간 깃발이
작은 바람에 크게 날린다.

유혹받고 싶어
문전, 할 일 없이 몇 번이고 왔다 갔다
최소한의 예수쟁이 양심으로
차마 문을 밀지는 못했지만,
순간이나마
그곳에 들어서면
가슴이 뻥 뚫릴 것 같다.

잡신들이 사소한 그런 일에는
영험하다지 않던가

눈만 뜨면 성부와 ~~ 해대면서
여름날이 너무길어
헛것이 나를 유혹하나 보다

담너머 핀 능소화
내속에 들어갔다 나왔나 보다

웃는다.

작설차부인 근황

챙 넓은 집
마당 가득 씀바귀 너울대고,
그늘에서는 작설차가 마른다.

이제나 저제나
불쑥 찾아올

곱게 우러난
복분자술 임자를
기다리는 여인

저녁 해 뉘엿거리면
마른 풀 모아 모깃불 지피고
모락 연기 위로
홀로 간 그가
풋풋한 고향 냄새로 다가온다.

후드득 솔바람에도
놀라 떨어지는 애기 감
행여 발자욱 소린가

산등성이 따라

서둘러 찾아온 여름밤
저녁별 동행하며
어디쯤 왔나

멀었나
이역만리라든가
지척이라든가

그립다고 말하지 말자
붙잡지 못한
그때
길게 꼬리 드리운 별똥별에
실려 보냈다고 말한 걸
부질없이
이웃마을 개 짖는 소리에도 마음 붙잡힌 채
짧은 밤 길게 새운다.

해망별곡

울 할베 얼굴만한 해파리
유유히 떠있고
물빛 뱅어 퍼덕이던
해망동 풍경,

만선의
깃발 내걸고
입항하는 날이면
구릿빛 선원들
육자배기
연신 흥얼대고
막걸리사발 거푸
몇 순배를 돌아도 밤이 짧았는데,

하나둘 산비탈에
실향인 둥지 틀고,
양코배기 시내를 활보할 즈음
밤에는 높은 층에 아파트가
낮에는 숲에 가려
아무 것도 볼 수 없어
천혜 요새라 했다네요.

신작로 옆으로 송유관 지나고
기름 뒤집어써 새까맣고 번들거리는
소리도 요란하게
양동이 들고 뛰며
그 뒤를 쫓던 MP 들
밤새 보초를 서고도
하나도 못 잡고
안 잡았대요.
풍요와 빈곤이 공존하던 해망동,
버려진 배부른 복어 그대로 얼면
사내애들은 신이 납니다.
제법 멀리까지 날아가주는
적당히 둥근 공이었으니
굴에 대고 부르는 동무 이름은
몇 배로 몇 배로 크게 울렸습니다.

유 산

쥐면 꺼질세라 놓으면 날아갈세라
보기도 아까운 손녀 무어라 부를까
문득 밤하늘에 저 홀로 밝은 달이 눈에 띄어
귀하디 귀한 손녀 손타지 않고 금도끼로
찍어낼 수 있는 계수나무가 좋겠다 싶어 桂樹라
하고 혼자 좋아 뒷곁에 가지 휘어지게 열린 앵두
쭉 훑어 한 입에 넣고 감격해 하셨다는
내 할아버지 지어주신 이름 호적에 못올라 누가
불러준 일 별로 없지만 마음 한구석 문신처럼
남아 있다.

소가 디뎌도 허물어지지 않을 거라던
그분 남겨 준 재산 옛날 이야기 속에만 남아
얼굴조차 기억에서 사라져 가는데
쉬지 않고 흐르는 핏줄

唯一하게 남아있는 조부의 사랑
뒷날 筆名이 필요하면
나는 朴 桂樹 라고 쓰리다.

어머니(병상일기)

강산이 일곱 번을 변하고도
몇 해가 더 지났는데
작은 체구 탓인가
성격 탓인가
길에 나서면 나른다고
붙여진 별명 *(비양기)
누구라고 붙잡을 수 있으랴
몸도 생각도 늘상 앞서가는
내 껍데기

실족하여 넘어지시더니
수술 후 마취 탓인가
식구들 구별도 수월찮다

평생 자식들 뒷바라지에
고된 삶 몽땅 짐지고 비틀거리더라니
어느 날 문득 쉬고 싶어서일까
어린애가 되어 떼를 써댄다.
곡기 끊고 잠을 잃어
아직은 시원찮은 알맹이들 때문에

잠잘 시간이 없는지도 몰라

"아둥바둥 거뒀으니
지 혼자 큰 줄 알고"

가슴에 덜컥하고 얹혀 내려가들 않는다
바람이든 서리든
이러다간 나마저 넋놓겠다.

* 비양기 : 비행기의 사투리

모친의 難聽

옛적에도 가끔
들은 말 되묻곤 하셨다
젊어서 어찌어찌
고막을 다치셨다고
늘상 푸념처럼 하시던 말
부친의 불같은 性情을 탓하셨다
지금쯤 거의 絶命이시다
그래도 되돌려 놓고
당신 탓이라도 할양이면
기가 막히게 알아들으신다
꼭 들으셔야 될 자녀들의 말은
절대 듣지 못하시는 모친의 難聽

윤달

아직은 봄 자락인데
맥없이 덥다
윤달이 들면
부모님 수의 챙기는 건
일반의 법도,
아버지 지금쯤 탈골 되셨겠지
아직 카랑카랑한 목소리로
정정하신 어머니
명주 수의 한 벌쯤 함께 보내드리고 싶은
간절한 심사,
재산가도 아니었지만
하필 요즘처럼 궁할 때
윤달이 왔을까
두 눈 딱 감고 모른 체 하자니
속이 탄다
까만 숯이 되어버린 내 가슴.

공원묘지 가는 길

호화묘가 아니어서
아버지
섭섭하세요?

효자동 이 길을 접어들면
나도 모르게
아버지가 페달을 밟는
자전거 뒤에 앉아 있어요.
교복 입은 여학생이
부끄러운 줄도 모른다고 놀리시며
그래도,
대견해 하시더니

묘지가 가까워지며
산새가 울어요.
동네에서 우리집에만
유일하게 달려있던
라디오 스피커에서
뻐꾸기가 울며
'전설따라 삼천리' 가 시작되고

모인 동네 사람들에게

걸걸한 음성으로
구성지게 해설을 하시던
그날이 같이 가요.

미나리꽝 지나
산딸기 넝쿨 지나
쇠뜨기풀 방석처럼 깔려있는
산등성이
분간 못하게 똑 같은 묘들이
누워 있어도
으레
아버지는
자전거 패달을 밟으며
구성지게
라디오 연속극 해설을 하시네요.

그리도 좋아하시던 담배에
불 붙여 놓아 드려도
전혀 관심 없이
풀 냄새로 다가와
웃기만 하시네요
풀꽃 한줌 꺾어 드렸는데

아버지, 당신 젊었을 적
그 풋풋한 냄새가 나요.

상사화

아주 천천히 침몰하는 기억 속에서
한 줄 실금처럼
하지만,
양 손에 옮아 쥔
욕심같은 사랑 하나
가슴으로 마주하며

서로 바라만 보는 인연이어서
두고두고
뒷모습만 눈에 밟혀
꿈인가 생시인가,

연분홍 저고리 빛바랜 긴긴 더위
내리 꽂히는 햇살에
제몸 사르는 일이야
뒷날,

그리움 같은 속삭임
저 홀로 듣고자 함이리라.

산죽꽃

오랜 날 터잡고 살아
지나온 날 그리워 시도 때도 없이
우우~ 한숨 토해내는
키 작은 산죽

생애 단 한 번 웃는다는
헤플 수 없는 웃음
바람들의 수다가 홍건해지고
또 다른 바람 불어 잡힐 듯 말 듯
무리짓는 보라색 작은 꽃은
사라져 갈 것을 예고하는가

호젓한 숲길 해묵은 그리움
거기 그저 놓아둔 채 돌아서는가
보랏빛 전령(傳令)

할미꽃

배시시 웃는가 싶더니
연신 주억거리는 자태
그저 새색씨

이제는 방긋 웃어도 좋으련만
지금쯤은 박장대소를 한들
탓하는 이 누구이련만

닫혀진 알몸보다 더 깊은 곳
싸한 그리움 묻어
피멍울 그저 끌어안고, 어제도 내일도
끝내는 활짝 웃어보지 못한 채

기다려 줄지도 모를 산너머 딸네집 점점 멀어
그리움 뒤안길에 고개 한번 못들어
정갈한 매무새 고즈넉이

명주솜 고깔 있는 듯 없는 듯
바보인가 천치던가

개복숭아

사뭇 그리워지는 것은
에덴동산 그이가
따먹었을지도 모를
그 인연으로 하여,
자라 걸려 크지 않던 셋째마냥
비워진 가슴 채워주는 연습으로
떫으면 어떻고 단들 어떠랴.
턱까지 차오를 속울음
가슴으로 삭이다
초여름 빨갛게 웃음으로 토해낸다.
잊혀진 이름
너, 버려진
지상의 낙과

국책사업 유치 작전

온통 들끓어 넘치지 싶어
가슴이 탄다
저리 대단한 애향심을
진작 본 일 없어 씁쓸하기도 하고
하나밖에 없는 목숨
내걸었나 싶다

세상사 들고 난 데가 있다는 것

11월3일
제6부두를 아우르는 황혼이
유난히 붉다
항구도시 군산에 사는

웅녀의 후예들

장포리에서

나직이 솔바람 울어
파도에 휘감기는 장포리에서
종적 모를 조개랑
흔적만 남기고 숨어버린 갯지렁이를 찾는다.

통보리 사초 깔깔거리며
머리채 흔들어
느긋이 누웠던 칠면초 얼굴 붉힌다.

장족의 도요새
종종거리며 고개 갸우뚱
"아무래도 모를 종족이야"
"생태체험이라나?"
우릴 보고 재잘거리다
날아가 버렸다.

방폐장

아오모리현 로카쇼무라
모르고 지나도 될
지명(地名) 하나가
작년에도 올해도
자꾸만
소시민의 가슴을 저리게 한다.
먹고 살기 힘들어
"그것" 이라도 유치 해야겠다는
민심이 야속하기도 하고
토너먼트 도표처럼
저 위가 아득히 보이지 않기도 하고
엊그제 죽지 못한 게 원망스럽기까지
부끄러워 파란 하늘 다시는
보지 못할 것도 같다
뒷날 공덕비 세울 일 없어
시시비비야 가리지 않겠지만
장마뒤 하늘이 가을처럼 높아
눈물이 흐른다.
동전 한 닢 내게 돌아올 리 없지만
다들 살아야 겠다는데

내 고향 바다

일제
소달구지 쌀 실어 선적하던
그런 군산 아니랍니다.

비릿하고 짭짭한 어머니 젖무덤마냥
소금 절은 고향냄새
선착장 넘실대며 비늘처럼 번득이다
햇살 부딪혀
보석 같은 함박웃음 쏟아내는 바다

백년을 지내온 그 곳에
재간 좋은 이들
제 발 뿌리만 바라보며
생각 없이 배설물을 토해낸다

가슴 넉넉히 비우고 나폴리를
꿈꾸던 군산사람들
마음을 허물어
서러움을 울궈낸다

박정애 시집
등나무 여린 잎이 꽃보다 곱네요

초판인쇄 | 2007년 12월 20일
초판발행 | 2007년 12월 25일

지 은 이 | 박 정 애
펴 낸 이 | 서 정 환
펴 낸 곳 | 신아출판사

주 소 | 전주시 완산구 태평동 251-30
전 화 | 063) 275-4000, 252-3131
팩 스 | 063) 274-3131
등 록 | 1984년 8월 17일 제 28호
홈페이지 | http://www.shin-a.co.kr
e-mail | sina321@hanmail.net

정가 7,000원

ISBN 978-89-5925-395-1 03810